평범한 우리 어린이들을 다음 세대
위인으로 만들어 줄 교과서 위인 이야기!
효리원의 교과서 위인 이야기는 초등학교
교과 과정에 나오는 국내외 위인들을, 우리나라
최고 아동 문학가 53인이 재미있게 동화로 구성했습니다.
지혜와 용기로 위대한 삶을 산 위인들의 이야기는,
어린이들의 마음속에 '나도 할 수 있다.'는
희망의 씨앗을 심어 줄 것입니다!

일러두기

1. 띄어쓰기와 맞춤법 : 초등학교 국어 교과서와 국립국어원의 『표준국어대사전』을 기준으로 하였습니다.
2. 외래어 지명과 인명 : 국립국어원의 『외래어 표기 용례집』을 기준으로 하였습니다.
3. 이해가 어려운 단어 : (   ) 안에 뜻풀이를 하였습니다.
4. 작가 연보 : 연도와 함께 나이를 표기하고, 업적을 간략히 소개하였습니다. 우리나라 위인은 태어난 해를 한 살로 하였고, 외국 위인은 만 나이를 한 살로 하였습니다. 정확한 자료가 없는 위인은 연도와 업적만을 나타냈습니다.
5. 내용 구성 : 위인의 삶은 역사적 자료를 바탕으로 최대한 사실적으로 구성하였습니다. 그러나 읽는 재미를 위해 대화 글이나 배경 묘사, 인물의 감정 표현 등에 작가의 상상력을 가미하였습니다.
6. 그림 구성 : 문헌을 바탕으로 위인이 살던 시대를 충실히 나타내도록 하되 복식의 색상이나 장식, 소품, 건물 등은 작가의 상상으로 그렸습니다.
7. 내용 감수 : 각 분야의 전문가들로 구성된 편집 위원들이 꼼꼼히 감수를 하였습니다.

편집 위원

김용만(우리역사문화연구소장)
교과서에서 만나는 위인들을 중심으로 일화와 함께 그림과 사진을 곁들여 지루하지 않게 읽을 수 있습니다. 술술 읽다 보면 학교 공부에도 많은 도움이 될 것입니다.

신현득(동시인, 전 새싹회 회장)
우리가 자주 듣고 접하는 역사 속 실존 인물들이 자신의 꿈을 이루기 위해 어떻게 노력했는지 깨달아 가면서 우리 어린이들은 한층 더 성숙해질 것입니다.

윤재운(동북아역사재단 연구 위원)
위인전을 읽으면서 어린이들은 시대를 넘어 간접 체험을 할 수 있습니다. 어떻게 살아야 하는지 인생에 대한 동기 부여와 함께 삶이 보다 풍요로워질 것입니다.

이은경(철학 박사, 전북과학대 유아교육학과 교수)
한 사람의 인격과 품성은 어릴 때 형성됩니다. 따라서 초등학교 저학년 때 어떤 책을 읽느냐에 따라 생각의 크기가 달라집니다. 어린이의 미래를 위해 이 책은 꼭 읽어야 합니다.

이창열(하버드 대학교 물리학 박사, 전 국가과학기술자문회의 전문 위원)
세상을 바꾼 위대한 인물의 이야기는 어린이의 인성 및 감성 발달에 큰 영향을 미칠 뿐 아니라 실험 정신과 개척 정신을 길러 줍니다. 용기와 지혜로 세상을 헤쳐 나가는 당당한 어린이를 꿈꾼다면 이 책은 꼭 한번 읽어 보아야 합니다.

정재도(한글학자)
위인으로 일컬어지는 이들은 어떤 생각을 하고, 어떤 삶을 살았을까요? 그들의 흔적을 담은 위인전은 복잡한 현대를 이끌어 갈 우리 어린이들에게 나침반과 같은 역할을 할 것입니다.

조수철(서울대학교 의과대학 소아정신과 교수)
위인전은 시대와 신분, 업적이 다른 위인들의 삶이 다양하고 흥미롭게 구성되어 있어 손쉽게 여러 삶의 모습을 만날 수 있습니다. 용기 있게 고난을 헤쳐 나간 위인의 이야기를 통해 삶의 지혜를 배울 수 있을 것입니다.

신분의 벽을 뛰어넘은
천재 과학자
장영실

조대현 글 / 장인한 그림

효리원
hyoreewon.com

이 책을 읽는 학부모님과 선생님께

장영실의 전기를 지도할 때는 다음 사실에 초점을 맞추어 어린이의 생각을 키워 주는 것이 좋겠습니다.

첫째, 천민으로 태어난 장영실이 세종 대왕의 신임을 얻게 된 동기가 무엇이었을까를 생각해 보게 합니다. 그것은 사물의 이치를 과학적으로 생각하는 두뇌와 성실한 노력 덕분이라고 해야 할 것입니다. 그는 간단한 도구도 이치를 따져 실생활에 편리하게 만들었기 때문에 여러 사람의 눈에 띄게 되었고, 관리로 발탁된 뒤에는 임금의 은혜에 보답하기 위하여 더욱 열심히 연구했습니다. 이러한 정신과 태도는 자라나는 어린이들에게 합리적인 사고 방식을 심어 주는 데 꼭 필요한 덕목이라고 하겠습니다.

둘째, 세종 대왕의 탁월한 지도력도 한번 짚어 볼 필요가 있습니다. 세종 대왕은 한글을 만들고 학문을 발전시킨 공도 크지만, 사람을 신분이 아닌 능력으로 평가한 점에서도 위대한 성군이었습니다. 만약 세종 대왕에게 그런 안목이 없었다면 장영실과 같은 인재를 만나 훌륭한 과학 문화를 꽃피우기 어려웠을 것입니다.

오늘날 조선 시대와 같은 신분 제도는 없어졌지만 아직도 우리 사회에는 사람을 능력이 아닌 학벌이나 금력, 또는 권력으로 평가하는 낡은 습관이 남아 있습니다. 장영실과 세종 대왕의 관계를 통해 어린이에게 인권 의식을 키워 주는 데도 이 책은 좋은 교재가 되리라고 생각합니다.

셋째, 장영실이 만든 발명품이 실제로 백성들의 생활에 얼마나 유용하게 쓰였는가를 따져 보는 것도 어린이의 과학 정신을 길러 주는 데 좋은 계기가 될 것입니다. 그가 만든 앙부일구는 옛사람들에게 시간 관념을 가르쳐 주었으며, 측우기와 수표는 홍수 피해를 막고 농사 기술을 향상시키는 데 큰 디딤돌이 되었습니다. 오늘날의 일기 예보나 재해 방지 시스템도 여기에 뿌리를 두고 있다는 것을 알면 우리의 전통 과학이 얼마나 우수했던가를 이해하는 데 큰 도움이 될 것입니다.

머리말

우리나라에도 역사를 빛낸 위인은 많지만 과학이나 기술로 존경받는 위인은 아주 드뭅니다. 그 까닭은 과학이나 기술에 종사하는 사람을 얕보고 천대했기 때문입니다. 그러나 과학 기술의 발전 없이 나라가 크게 일어서기는 어렵습니다.

장영실은 조선 시대에 천하게 여기던 기생의 아들로 태어났지만 타고난 재능과 성실한 노력으로 종의 신분을 벗어나, 측우기와 같은 뛰어난 발명품을 만들어 냈습니다. 장영실의 노력도 대단하지만 그런 능력 있는 인재를 뽑아 쓸 줄 안 세종 대왕 또한 훌륭하다고 해야 할 것입니다. 그 덕분에 세종 대왕 시대에 우리나라 문화는 활짝 꽃필 수 있었습니다.

이 책을 읽는 어린이 여러분도 장영실의 과학하는 정신을 이어받아 앞으로 우리나라의 과학 기술을 세계에 우뚝 세우는 일꾼이 되어 주기 바랍니다.

글쓴이 조대현

차 례

이 책을 읽는 학부모님과 선생님께 ——— 6

머리말 ——— 8

글을 배우고 싶어 ——— 10

관가에 노비로 들어가다 ——— 19

물수레를 만들어 공을 세우고 ——— 26

세종 대왕의 부름을 받아 ——— 36

간의, 혼천의, 갑인자를 만들다 ——— 46

발명, 또 발명 ——— 55

어둠 속에 묻힌 뒷날 ——— 64

장영실의 삶 ——— 71

읽으며 생각하며! ——— 72

글을 배우고 싶어

"하늘 천, 땅 지, 검을 현, 누를 황……."
서당 안에서 아이들의 글 읽는 소리가 흘러나왔습니다.
'나도 글을 배웠으면…….'
아까부터 담 밖에서 서당 안을 기웃거리는 아이가 있었습니다. 그렇지만 안을 들여다보지는 못하고, 담 밑에 쪼그리고 앉아 마른침만 꼴깍꼴깍 삼킬 뿐이었습니다.

그때 글공부를 마친 아이들이 우르르 밖으로 몰려나왔습니다. 아이들은 담 밑에 쪼그리고 앉은 아이를 보자마자 삿대질

부터 했습니다.

"야, 상놈이 어디라고 여기 와 얼씬거리느냐?"

"썩 물러가지 못해?"

어떤 아이는 돌팔매질까지 했습니다.

아이는 그만 비죽비죽 울음을 터뜨리면서 마을 뒷길로 도망을 쳤습니다.

쫓겨 가는 아이의 등 뒤에 대고 서당 아이들은 큰 소리로 놀렸습니다.

"영실이는 기생 아들이래요."

"아버지가 누군지도 모른대요."

"하하하……."

눈물범벅이 되어 집으로 돌아온 아이는 마당에 털썩 주저앉아 어머니를 불렀습니다.

"어머니, 어머니! 흑흑!"

"아니, 왜 우느냐?"

부엌에서 일을 하다 말고 나온 어머니는 눈물로 얼룩진 아들의 얼굴을 안쓰러운 표정으로 바라보며 물었습니다.

"왜? 아이들이 또 놀리더냐?"

"어머니, 이제 관가(원님이 사무를 보던 곳)에 나가지 마세요. 아이들이 놀린단 말이에요."

그 말에 어머니는 아무 말도 못 하고 입술을 꼭 깨물고 있다가, 아들의 손목을 끌고 우물가로 나왔습니다.

그리고 시원한 물을 떠 아들의 얼굴을 씻어 주며 달래듯이 말했습니다.

"이제부터 다른 아이들 노는 데는 가지 마라. 심심하면 우물가에 나와 물레방아도 만들어 돌리고, 배도 만들어 띄우고 그래. 알았지?"

그렇지만 아이는 아직도 분이 풀리지 않았는지 어머니에게 화풀이하듯 물었습니다.

"어머니, 지는 왜 아버지가 없어요? 제 아버지는 누구예요?"

그러자 어머니는 금방 얼굴빛이 굳어지면서 무서운 목소리로 꾸짖었습니다.

"그런 소리 다시는 하지 말랬지? 앞으로 또 그러면 어미는 너하고 말도 안 할 테다. 알았느냐?"

어머니가 화를 내는 바람에 아이는 그만 움찔하여 울음을 그치고 속으로만 훌쩍거렸습니다.

그 모습을 보기가 안됐는지 이번에는 어머니가 울음

을 삼키며 아들의 어깨를 꼭 안았습니다.

"에휴, 영실아, 이 어미가 미안하구나. 나라고 왜 네 마음을 모르겠느냐. 그렇지만 우리 같은 천민(천한 사람)은 마음대로 할 수 있는 게 아무것도 없단다. 어미도 집에서 너하고만 지내고 싶지만 관가엘 안 나가면 당장 무서운 벌을 받게 되니 어쩌겠느냐. 너도 이다음에 커서 철이 들면 이 어미 마음을 알게 될 게다."

어머니가 섧게 흐느끼는 것을 보고 이번에는 아들이 어머니를 달랬습니다.

"어머니, 울지 마세요. 제가 잘못했어요. 흑흑. 서당에서 글을 배우는 아이들이 부러워서 그만……. 어머니, 저도 다른 애들처럼 글을 배우고 싶어요."

"오, 글을 배우고 싶다고? 오냐, 알았다. 양반집 애들처럼 서당에는 못 다니겠지만 그 대신 이 어미가 집에서 글을 가르쳐 주마."

"어머니, 정말이지요?"

"그럼, 정말이고말고!"

"어머니, 고맙습니다."

어머니와 아들은 더욱 힘차게 어깨를 껴안았습니다.

관가에 노비로 들어가다

아이들의 놀림처럼 장영실은 조선 시대 동래현(지금의 부산 지방)에서 천한 기생의 아들로 태어났습니다.

그 시절에는 양반과 천민의 차별이 심해서 천한 집 자식은 양반집 아이들과 어울려 놀지도 못하고, 아무리 공부를 하고 싶어도 서당에 다닐 수 없었습니다.

장영실의 어머니는 그중에서도 가장 천대 받는 관가의 기생이었습니다. 이를 관기라고 하는데, 관기는 원님에게 달린 종과 같은 신세였습니다. 그래서 마음대로 결혼도 못 하고 현

감(큰 고을의 원님)이 시키는 대로 양반들의 술 시중이나 들면서 살아야 했습니다.

장영실은 그런 어머니 몸에서 태어났기 때문에 아버지가 누군지도 모르고, 그저 성이 장이라는 것만 알 뿐이었습니다. 떳떳하게 낳은 자식이 아니기 때문에 어머니도 영실의 아버지가 누군지 알려 주려고 하지 않는 것이었습니다.

어머니와 약속한 대로 영실은 그때부터 어머니에게서 글을 배웠습니다. 낮에는 어머니도 관가에 나가야 하는 날이 많기 때문에 늦은 밤이나 이른 새벽, 어머니가 집에 있을 때만 공부를 했습니다.

그리고 어머니가 집에 없을 적에는 늘 혼자 지냈습니다. 공부하다 지루해지면 어머니가 일러 준 대로 집 앞 우물가에 나가 물레방아를 만들어 돌리기도 하고, 나무로 배를 깎아 띄우기도 하면서 놀았습니다.

그러다 보니 저절로 무엇을 만드는 일에 재미가 붙고 손재주도 점점 늘게 되었습니다.

그런 어느 날, 어머니는 평소에 먹기 어려운 하얀 쌀밥에 미역국까지 끓여 놓고 아들과 함께 밥상 앞에 앉았습니다.

"어머니, 오늘이 누구 생일인가요? 웬 쌀밥에 미역국까지 차리셨어요?"

고개를 갸우뚱거리며 맛있게 밥을 먹는 아들을 보고 어머니는 조용히 입을 열었습니다.

"영실아, 이제부터 내가 하는 말을 잘 들어라. 너도 이제 열 살이 되었으니 관가에 들어가 일을 배워야 하느니라."

"예? 제가 관가에 들어가야 한다고요?"

"그래, 나처럼 관가에 몸이 매인 사람의 자식은 열 살이 되면 싫든 좋든 관가에 들어가야 하는 게 나라의 법이란다."

"싫어요. 전 관가에 안 들어갈래요. 집에서 어머니하고 같이 살래요."

밥숟가락을 내려놓고 눈물을 뚝뚝 떨어뜨리는 아들을 보고 어머니는 엄한 소리로 타일렀습니다.

"영실아, 그러면 못써. 너도 이제 열 살이 되었으니 일을 배워 밥벌이를 해야지. 언제까지 어미 그늘에 있으려 하느냐?"

"그렇지만 관가에 들어가면 어머니와 헤어져 살아야 하잖아요. 전 어머니와 헤어지기 싫어요."

"싫어도 참아야 돼. 네가 어디를 가든 의젓하게 사람 구실 하는 걸 봐야 어미도 마음이 놓이지, 이렇게 보채면 어미는 더 괴롭단다. 그러니 마음 단단히 먹고, 관가에 들어가면 부지런히 일을 배우도록 해라. 그래서 천대받지 않는 사람이 되는 게 이 어미의 소원이다. 무슨 말인지 알겠느냐?"

어머니의 간곡한 타이름에 영실은 결국 고집을 꺾고, 그날 낮 어머니를 따라 관가에 노비(종)로 들어갔습니다.

물수레를 만들어 공을 세우고

영실이 관가에 들어와 처음 한 일은 잔심부름이었습니다. 그러나 말이 잔심부름이지 몸은 몹시 고달팠습니다.

새벽 일찍 일어나 관가의 넓은 마당을 쓸고, 아침 점심 저녁 밥때가 되면 이 방 저 방에 밥상을 들어 나르는 일도 영실의 몫이었습니다. 그 밖에 물 긷는 일, 장작 패는 일, 구들방에 불 때는 일 등 잠시도 쉴 틈이 없었습니다.

그러다가 밤이 되어 잠자리에 누우면 어머니 생각, 집 생각에 저도 모르게 눈물이 흘러내렸습니다.

그럴 때마다 영실은 어머니가 당부하던 말을 생각하고 입술을 꼭 깨물었습니다.

'그래, 내가 슬퍼하면 어머니는 더 괴로워하실 거야. 그러니까 참아야 돼.'

그렇게 몇 해를 지내는 동안, 영실에게도 한 가지 정해진 일이 맡겨졌습니다.

그것은 대장간에서 칼이나 창 같은 무기와 호미, 가위, 문고리 같은 생활용품을 만들어 내는 일이었습니다.

그런데 이상하게도 영실에게는 그 일이 아주 마음에 들었습니다.

그중에서도 열쇠나 자물쇠 같이, 작지만 이치를 따져 가며 만들어야 하는 기구에 남다른 손재주가 있었습니다. 아마 그 재주는 집에서 혼자 놀 때

물레방아나 배를 만들던 일이 손에 익었기 때문일 것입니다.
 영실은 그런 재주를 가지고 원님 부인의 장롱 자물쇠를 만들어 주기도 하고, 두레박 우물에 도르래를 달아 물을 쉽게 긷도록 하기도 했습니다.

그러자 이제까지 영실을 깔보던 하인들의 태도가 달라졌습니다.

"영실이 저 녀석, 기생 아들이라고 우습게 봤더니 머리 쓰는 게 여간 아니야."

"그러게 말일세. 물건을 꼼꼼히 만들어 내는 솜씨는 우리 어른보다도 낫다니까."

그 소문은 관가의 제일 어른인 현감의 귀에까지 들어가게 되었습니다.

어느 해 여름인가, 동래 지방에 큰 가뭄이 들었습니다.

논의 벼 포기가 바삭바삭 말라 가는데, 한 달이 넘도록 비 한 방울 내리지 않았습니다.

답답해진 현감은 생각다 못해 영실을 불렀습니다.

"너의 궁리(이치를 따져 생각하는 힘)가 깊고 재주가 많다는 말을 들었다. 무슨 방법이 없겠느냐? 이러다간 우리 고을 백성들이 다 굶어 죽게 생겼으니 어쩌면 좋겠느냐?"

영실은 곰곰이 생각하다가 이렇게 대답했습니다.

"물수레를 만들어, 낮은 곳의 물을 퍼 올려 논밭에 대면 어떨까 하옵니다."

"물수레를 만들어 물을 퍼 올린다?"

"예, 물레방아처럼 돌아가는 기구를 만들어 물가에 세우고, 그것을 사람이 밟아 돌리면 물이 위로 퍼 올려지게 될 것이옵니다."

"그래? 네가 그런 기구를 만들 수 있단 말이냐?"

"예, 시켜 주시면 한번 만들어 보겠습니다."

"좋다. 그럼 어디 네 뜻대로 해 보아라."

현감의 명령을 받은 영실은 곧 고을의 목수들을 모아 여러 대의 물수레를 만들었습니다. 그리고 그것을 개천이나 낮은 물웅덩이 안에 세우고 고을 사람들이 차례로 나서서 돌리도록 했습니다. 그러자 물레방아처럼 바퀴가 돌아가면서 물받이에 고인 물이 높은 곳의 논밭으로 흘러들게 되었습니다.

그렇게 해서 그해 동래 지방에서는 가뭄을 이기고

농사를 잘 짓게 되었습니다.

그러자 장영실의 이름은 관가뿐 아니라 고을 안 여러 곳에 널리 알려지게 되었습니다.

"장영실은 참 머리가 좋은 기술자야. 어떻게 물을 퍼 올릴 생각을 해냈지?"

"글쎄 말이야. 그 사람 덕분에 가뭄을 면하게 되었으니 얼마나 고마운 일인가."

물레방아의 원리(기본이 되는 이치)를 이용한 간단한 기술이었지만, 당시로서는 큰 발명이었습니다.

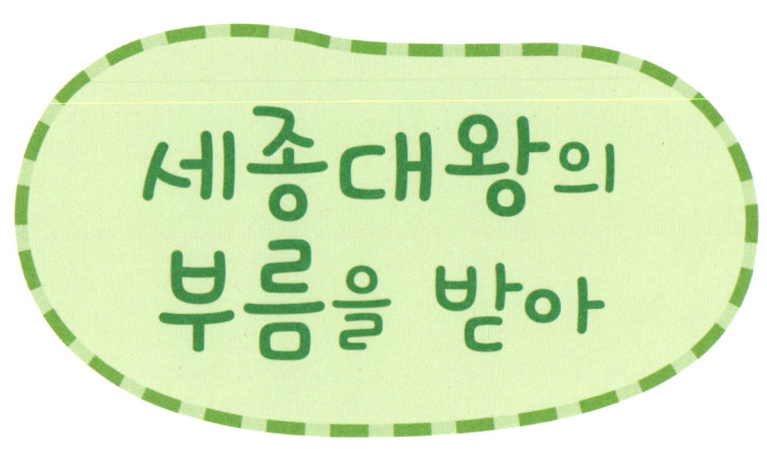

그때 우리나라를 다스리던 임금은 세종 대왕이었습니다.

세종 대왕은 우리나라의 글인 한글을 만들었을 뿐 아니라 과학에도 깊은 관심을 가진 임금이었습니다. 그래서 기회 있을 때마다 신하들에게 이렇게 일렀습니다.

"우리나라는 백성들이 모두 농사를 짓는 나라라, 하늘과 땅의 이치를 연구하여 백성들에게 농사 기술을 가르쳐 주는 과학자가 필요하오. 그러니 우수한 인재가 있으면 뽑아 올리도록 하시오."

그러나 그때는 과학자나 기술자를 천대하던 시절이라 그런 인물을 찾기가 쉽지 않았습니다.

 그때 세종 대왕 밑에서 과학 기술을 맡아 연구하던 학자 가운데 이천이라는 사람이 있었습니다. 그는 일찍부터 동래에 장영실이란 기술자가 있다는 소문은 들어 알고 있었습니다. 그러나 장영실이 워낙 천한 노비 신분이라 얼른 임금에게 추천을 하기가 어려웠습니다.

 그러던 중 세종 대왕이 자꾸 재촉을 하자 조심스럽게 입을 열었습니다.

 "말씀드리기 황공하오나, 동래 관가에 뛰어난 기술자가 한 사람 있다고 하옵니다."

"그렇다면 왜 빨리 뽑아 올리지 않는 게요?"

"예, 그런데 그자의 출생이 천한 노비 신분이라……."

그러자 세종 대왕은 크게 나무라며 꾸짖었습니다.

"나라와 백성을 위해서 일을 할 훌륭한 사람을 구하는데 그까짓 신분이 무슨 상관이란 말이오. 어서 그자를 노비 신분에서 풀어 주고, 한양(지금의 서울)으로 데려오도록 하시오."

이렇게 하여 장영실은 하루아침에 지긋지긋한 종의 신분을 벗고 어엿한 관리가 되어 한양으로 오게 되었습니다.

한양으로 온 장영실은 정말 꿈만 같았습니다.

'이게 꿈인가 생시인가. 임금님의 부름을 받은 것만도 황송한데, 노비의 신분을 벗고 종5품 상의원 별좌라는 벼슬까지 얻다니…….'

상의원 별좌란 임금이 입는 옷과 궁중에서 쓰는 여러 가지 물품을 만들어 내는 직책이었습니다.

그러나 그런 좋은 자리에 있으면서도 장영실의 마음은 늘 무거웠습니다.

'아, 나는 이렇게 비단옷에 기름진 음식을 먹고 있건만 어머니는 아직도 양반들의 술 시중이나 들고 계시니……. 이런 불효가 어디 있단 말인가.'

그러던 어느 날, 이천이 물었습니다.

"이보게, 자네는 이제 노비 신분을 벗고 떳떳한 관리가 되었는데 왜 얼굴빛이 늘 어두운가? 무슨 말 못할 걱정거리라도 있는가?"

장영실은 자기를 추천해 준 상관이라 그에게 털어놓고 어머니 이야기를 하였습니다.

"저는 어머니 생각을 하면 밤에도 잠이 오지 않고, 맛있는 음식도 목에 넘어가지 않습니다. 어머니를 모시고 같이 살 수만 있다면 원이 없겠습니다."

그러자 이천은 고개를 끄덕끄덕하며 말했습니다.

"으흠, 자네 심정을 알겠네. 그러나 나라에는 법이 있는지라……, 자네 소원이 이루어질지는 모르지만 내 상감(임금을 높여 부르던 말)께 한번 말씀은 드려 보겠네. 그러니 너무 걱정

하지 말고 기다려 보게나."

그리고 얼마 뒤 이천이 싱글벙글 웃으며 급히 장영실을 찾아왔습니다.

"여보게, 자네 소원이 이루어졌네. 상감께서 특별히 명을 내려 자네 어머니를 관기 신분에서 빼 주셨을 뿐 아니라, 자네와 같이 살도록 허락도 해 주셨네."

"예? 그게 정말입니까?"

"그렇다네, 허허허!"

장영실은 너무나 감격하여 그 자리에서 임금님이 계신 궁궐을 향하여 큰절을 올렸습니다.

"상감마마, 성은이 망극하옵니다."

장영실은 곧 동래에 내려가 어머니를 모셔 오고, 작은 집도 한 채 얻어 장가도 들었습니다.

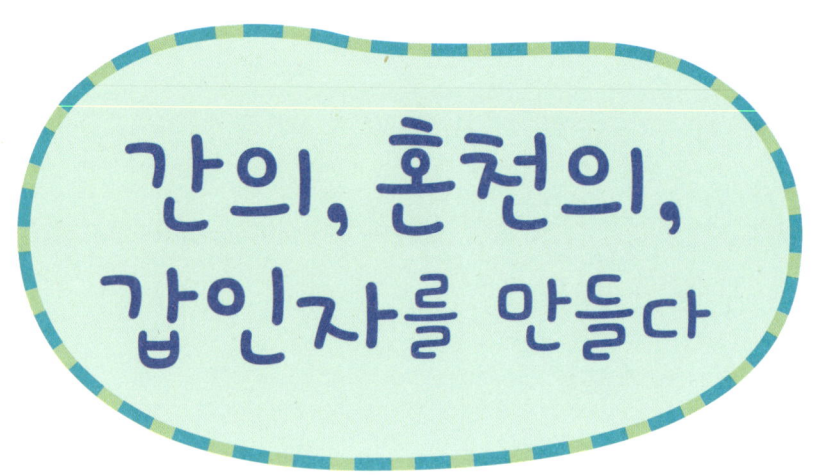

간의, 혼천의, 갑인자를 만들다

　임금님으로부터 큰 은혜를 입은 장영실은 잠시도 고마움을 잊을 수 없었습니다. 그래서 어떻게 하면 은혜에 보답할까 늘 걱정을 하고 지냈습니다.

　그러던 중 좋은 기회가 왔습니다. 세종 대왕이 다시 한 번 신하들에게 명을 내린 것입니다.

　"명나라(지금의 중국)에서는 하늘의 별자리를 관측하여 농사에 필요한 지식을 얻는다는데 우리나라에는 아직 그런 연구가 없으니 참 답답한 일이오. 속히 천문 지리(하늘과 땅의 이치)

에 대해서 연구를 하도록 하오."

임금의 명을 받은 장영실은 이 연구야말로 자기가 꼭 해야 할 일이라고 생각했습니다.

'임금님이 내 소원을 들어주셨으니, 나도 임금님이 바라시는 바를 반드시 이루어 드리리라.'

이렇게 결심한 장영실은 그날부터 중국에서 들여온 천문 지리에 관한 책을 펴 놓고 연구에 연구를 거듭했습니다.

그때 천문에 대한 연구나 기술은 아라비아(지금의 이란, 이라크 지역) 사람들이 가장 뛰어났고, 중국에서는 그 기술을 들여다가

관상감 관천대 | 서울에 남아 있는 2개의 간의대 중 하나입니다. 간의는 해시계, 물시계, 혼천의와 함께 조선의 천문대에 설치한 가장 중요한 관측 기기입니다. 1432년(세종 14년)에 이천·장영실 등이 세종의 명으로 만들어 사용하기 시작했습니다.

농사에 이용했습니다. 그러나 그 기술은 나라마다 비밀로 했기 때문에 중국 책에도 자세한 설명은 나와 있지 않았습니다.

장영실은 생각다 못해 임금님에게 청을 올렸습니다.

"아무래도 중국에 가서 기술을 직접 배워 오는 것이 좋겠습니다."

세종 대왕도 흔쾌히 허락했습니다.

그러나 중국에서도 자세한 기술은 가르쳐 주려고 하지 않았습니다. 다만 별자리를 관측(살피고 잼)하는 기구를 잠시 보여 주기만 할 뿐이었습니다.

그렇지만 눈썰미가 좋은 장영실은 한 번만 보고도 대충 기구의 짜임새와 원리를 알아냈습니다. 그래서 조선으로 돌아오자마자 나무를 꿰어 중국에서 본 것과 비슷한 기구를 만들었습니다.

그것을 집의 뜰에다 차려 놓고 밤마다 하늘의 별자리를 살폈습니다. 같은 별자리라도 봄 여름 가을 겨울에 따라 뜨는 자리와 시간이 달라지기 때문에 찬바람이 씽씽 부는 겨울밤

간의 | 혼천의를 간략하게 만든 천문 기기로, 각도기와 비슷한 구조를 지녔습니다. 처음에는 나무로 만들었지만, 이후 구리로 만들어 사용했습니다.

에도 관찰을 게을리할 수 없었습니다. 그렇게 하면서 기구를 좀 더 완전하고 쓰기 편리하게 고쳐 나갔습니다. 드디어 연구를 시작한 지 몇 해 만에 장영실은 '간의'라는 천문 관측 기구를 만들어 내는 데 성공했습니다.

간의는 나무를 깎아 둥근 모양의 테두리를 만들고, 거기다 눈금을 그려 이리저리 돌리면서 동서남북 방위를 재고, 계절과 시간에 따라 별자리가 어떻게 움직이는지를 알 수 있게 만든 기구였습니다.

그것을 임금님 앞에서 시험해 보이자 세종 대왕은 무척 기뻐하며 장영실을 칭찬했습니다.

"이제야 우리도 천문 관측을 제대로 할 수 있게 되었구려. 참으로 장한 일이오. 앞으로 더 연구하여 농사에 도움이 되는 기구를 많이 만들어 내도록 하오."

임금의 칭찬에 힘을 얻은 장영실은 더욱 열성을 기울여 이듬해에는 간의보다 더 훌륭한 기구를 만들어 냈습니다.

그것은 '혼천의'라는 기구인데 시간을 재는 장치와 해·달·별의 움직임을 재는 장치, 그리고 동서남북 방위를 재는 장치가 함께 어울려 있었습니다. 그리하여 혼천의에 달린 물레바퀴를 돌리면 지금이 몇 시쯤이고, 별자리는 어느 위치에 와 있으며, 지금 서 있는 자리는 어느 쪽을 향하고 있는지 한눈에 알 수 있었습니다.

이 기구의 발명으로 장영실은 정3품 호군이라는 더 높은 벼슬에 오르게 되었습니다.

한편 이 무렵, 세종 대왕은 훈민정음(한글)을 만들기 위하여 집현전이란 연구 기관을 만들고 많은 학자들을 모아 학문 연구를 시키고 있었습니다.

 그런데 학문을 연구하자면 책이 필요하고, 책을 찍자면 활자가 필요한데, 이때 우리나라의 활자 만드는 기술은 아주 서툴렀습니다. 무엇보다도 활자 크기가 들쭉날쭉하여 줄이 제대로 안 맞고 인쇄 상태도 고르지 못했습니다.

혼천의 | 천체의 운행과 위치를 측정해 천문 시계 구실을 했던 기구로, 선기옥형 또는 혼의나 혼의기라고도 불렀습니다. 1433년 정초·정인지 등이 고전에서 자료를 찾고, 이천·장영실 등이 제작을 감독하였습니다.

그러자 세종 대왕은 이 일도 솜씨 좋은 장영실에게 맡겼습니다.

"활자가 고르지 못하여 책 읽기가 힘이 드니, 그대가 한번 인쇄가 잘되는 활자를 만들어 보오."

임금의 명을 받은 장영실은 곧 이천과 더불어 새 활자를 만드는 일에 힘을 기울였습니다. 그리하여 글자 크기도 고르고 인쇄도 뚜렷하게 나오는 새 활자를 만들었습니다. 이 활자를 '갑인자'라고 하는데, 이로써 우리나라의 인쇄 기술도 한층 높아지게 되었습니다.

발명, 또 발명

　간의와 혼천의를 만들어 임금의 칭찬을 받았지만 장영실은 그것으로 만족할 수 없었습니다. 좀 더 편리한 기구를 만들어 사람들의 생활에 실제로 도움이 되게 하고 싶었습니다. 그래서 생각해 낸 것이 자동 물시계였습니다.

　그때 시간을 재는 기구로는 해시계가 있었습니다. 땅바닥에 막대기를 꽂아 놓고 그림자가 지는 방향을 보아 몇 시쯤인지를 짐작하는 방법이었습니다. 그러나 해가 뜨지 않는 밤이나 흐린 날에는 아무 쓸모가 없었습니다.

그래서 생각해 낸 것이 물시계였습니다. 큰 항아리에 물을 가득 채우고 밑에 작은 구멍을 뚫어, 새어 나오는 물의 양을 자로 재 시간을 알리는 방법이었습니다. 그러나 이것은 사람이 항상 옆에 지키고 있으면서 눈금이 차면 북을 쳐 시간을 알려야 하는 불편이 따랐습니다.

'어떻게 하면 사람이 지키고 있지 않아도 시간이 되면 저절로 북이 울리는 물시계를 만들 수 있을까?'

생각에 생각을 거듭한 끝에 장영실은 이번에도 물레방아의 원리를 이용해 보기로 했습니다. 즉 물시계에 일정한 높이로 물이 차오르면 그 물이 밖으로 넘쳐흐르면서 옆에 장치해 둔 작은 물레방아를 돌려, 그 힘으로 북을 치게 하는 방법이었습니다. 낮에는 종을 치고 밤에는 북을 쳐 밤낮의 시간을 구분하게 한 것도 새로운 방법이었습니다.

이 자동 물시계가 완성되자 세종 대왕은 큰 잔치를 베풀어 장영실을 칭찬하고, 새 물시계에 '자격루'라는 이름도 붙여 주었습니다. 저절로 소리 나는 물시계라는 뜻이었습니다.

그러나 장영실은 이에 만족하지 않고, 좀 더 많은 사람들이 편리하게 시간을 알 수 있도록 큰 해시계를 만들어 거리와 청계천 다리 옆에 내달았습니다.

앙부일구 | 보물 제845호. 1434년(세종 16년)에 만들어졌습니다. 종로 혜정교와 종묘 남가에 각각 석대를 쌓고 그 위에 설치했습니다. 임진왜란 때까지 조선의 공중 시계 역할을 했습니다.

그때는 시계가 없던 시절이라 사람들에게 시간 관념도 없었습니다. 그래서 행동도 느리고 게을렀습니다. 그런데 거리에 해시계가 내걸리자 사람들은 '이크, 벌써 시간이 이렇게 되었나?' 하고, 가던 길을 재촉하게 되었습니다. 이 해시계 이름은 '앙부일구'였습니다.

그런가 하면 자격루와 혼천의를 합쳐 '옥루'라는 기구도 만들었습니다. 그때는 하루를 12시간으로 나누어, 한밤중을 자시(쥐)라 하고 차례로 축시(소), 인시(호랑이), 묘시(토끼), 진시(용), 사시(뱀), 오시(말·한낮), 미시(양), 신시(원숭이), 유시

측우기 | 1441년(세종 23년), 전국에 설치된 측우기는 세계 최초의 우량계입니다.

(닭), 술시(개), 해시(돼지)로 시간을 나타냈는데, 때가 되면 옥루에서는 이 열두 동물 모형이 나타나 시간을 알리고 별자리의 움직임이 자동으로 나타났습니다. 그래서 옥루만 보고 있으면, 일 년 열두 달의 변화를 한눈에 알아볼 수 있었습니다. 그러나 장영실이 만든 수많은 발명품 중에서도 가장 으뜸가는 것은 비의 양을 재는 '측우기'였습니다. 농사를 짓자면 일 년 중 언제 비가 많이 내리고 어느 때 물이 부족한지 알고 있어야 미리 대비를 하는데, 그때까지도 사람들은 그런 것에 머리를 쓸 줄 몰랐습니다. 우리나라뿐만 아니라 세계 여러 나라가 다 마찬가지였습니다.

  이러한 때에 장영실은 세종 대왕의 명을 받아 세계 최초로 비의 양을 재는 우량계를 만든 것이었습니다. 둥근 통에 빗물을 받아 눈금으로 깊이를 잰 다음, 땅 넓이를 곱해서 일정한 지역에 내린 비의 양을 알아내는 방법이었습니다. 그리고 그것을 날짜별로 적어 두었다가 이듬해 농사철에 농부들에게 알려 미리 가뭄과 장마에 대비하도록 하였습니다.

수표 | 비가 왔을 때 강물이 얼마나 늘었는지 잴 수 있는 측정 기기입니다.

측우기가 완성되자 세종 대왕은 다시 한 번 장영실의 손을 잡고 기뻐하면서 이렇게 명을 내렸습니다.

"내가 복이 많아 그대와 같은 훌륭한 과학자를 만났구려. 측우기를 여러 개 만들어 각 고을에 내려보내고, 다달이 비의 양을 적어 올리도록 하오."

그때부터 조정에서도 온 나라 백성들의 농사 형편을 모두 알게 되었습니다. 그리하여 가뭄이 자주 드는 지방에는 저수

수표교 | 강우량을 재기 위해 다리 기둥에 수표를 묶어 두었습니다.

지를 파 물을 가둬 두게 하고, 강에서 먼 지방에는 도랑을 파 물을 끌어오게 했습니다. 그러자 백성들의 농사 형편도 한결 좋아지게 되었습니다.

  이 측우기는 과학이 발달한 서양보다 200년이나 앞서 나온 것이니 장영실의 발명이 얼마나 뛰어난 것인지 미루어 짐작할 수 있습니다.

측우기를 만들면서 장영실은 강물의 깊이를 재는 '수표'도 만들어 서울 청계천과 한강가에 세웠습니다.

수표는 긴 돌기둥에 눈금을 새겨 강바닥에 세운 것으로, 장마가 져 물이 차오르면 강가에 사는 사람들을 높은 곳으로 대피시키기 위해 만든 것이었습니다.

수표가 세워지자 사람들은 빗물이 넘치는 것을 막기 위해 미리 둑을 쌓아 올렸습니다. 그리하여 장마철에 사람과 집이 떠내려가는 것을 막았으니, 백성들을 위해서 참으로 훌륭한 일을 한 것이었습니다.

수표가 세워졌던 청계천의 다리, 수표교는 지금도 남아 있습니다.

어둠 속에 묻힌 뒷날

장영실이 한양에 올라온 지도 어느덧 19년이 되었습니다. 그동안 발명에 쓸 구리를 캐내느라고 잠시 경상도에 내려가 있던 일을 빼고는 줄곧 한양에 머물러 발명에만 힘을 쏟은 셈이었습니다.

어느 날 대궐에서 또 새로운 명이 내려왔습니다.

"임금님이 타실 새 가마를 만들라."

장영실은 다른 일도 몹시 바빴지만, 이 일만큼은 즐거운 마음으로 받아들였습니다.

자격루 | 국보 제229호로, 1434년(세종 16년) 6월에 완성했습니다. 이 시계는 경복궁 남쪽의 보루각에 설치되어, 그해 7월 1일부터 공식적인 표준 시계로 사용되었습니다.

'천한 우리 모자를 데려다 이토록 사람 대접을 해 주신 임금님. 임금님이 직접 타실 가마야말로 내 모든 정성을 다해서 만들어 보리라.'

이렇게 다짐을 한 장영실은 곧 뛰어난 목수들을 불러다 가마를 만들기 시작했습니다.

　이제까지 임금님이 타던 가마는 중국 것을 본뜬 것이라 모양이 우습고, 겉에 칠한 색깔도 우중충해 보였습니다. 그래서 이번에는 가마의 지붕을 우리나라의 기와집 모양으로 만들고, 채색도 대궐의 단청(집에 칠하는 색과 무늬)을 본떠 밝고 화려하게 칠했습니다. 그리고 보관하기 쉽도록 접었다 폈다 하는 조립식으로 만들었습니다.

　가마가 완성되자 그것을 본 세종 대왕은 입가에 미소를 띠고 또 한 번 장영실을 칭찬했습니다.

　"역시 장 호군(벼슬 이름)의 솜씨는 놀랍구려. 우리나라 기와집 모양을 본뜬 것이 더욱 마음에 드오. 이번 봄 종묘(조선 시대 임금들의 위패를 모신 사당) 나들이에는 꼭 이 가마를 타고 가리다."

　드디어 종묘에서 봄 제사를 드리는 날이 왔습니다.

　세종 대왕은 여러 신하들이 지켜보는 가운데 새 가마를 타고 창덕궁(평소 임금이 살던 궁전)을 나섰습니다.

그런데 이날따라 날씨가 이상했습니다. 아침까지 잔잔하던 날씨가 세종 대왕이 행차할 무렵부터 갑자기 회오리바람이 몰아쳤습니다. 그 바람에 가마가 흔들리면서 교군(가마를 멘 사람)들이 중심을 잃고 휘청거렸습니다.

그러다가 창덕궁 정문을 나설 무렵 뜻밖의 사고가 나고 말았습니다. 가마 밑바닥이 내려앉으면서 세종 대왕이 엉덩방아를 찧고 땅바닥에 떨어진 것입니다.

"아니, 저 저런!"

놀란 신하들이 달려가 세종 대왕을 잡아 일으켰습니다.

다행히 세종 대왕은 아무 데도 다친 곳이 없었으나, 일은 크게 벌어졌습니다. 세종 대왕을 땅바닥에 떨어지게 했으니, 아무리 일부러 그런 것이 아니라 해도 죄를 벗어날 수 없었습니다.

장영실은 곧 의금부(죄를 다스리던 관청)에 붙들려 가 문초를 받았습니다.

"네가 지은 죄는 죽어 마땅하나 상감께서 특별히 용서를 하시어 곤장 100대를 내리니 그런 줄 알라."

장영실 동상 | 장영실은 간의, 혼천의, 앙부일구, 자격루, 측우기, 수표 등을 만들어 조선의 과학 기술을 발달시킨 천재 과학자입니다.

장영실에게는 이런 판결이 내려졌습니다.

그러나 장영실을 아끼는 세종 대왕은 다시 벌을 낮추어 곤장 80대만 맞게 해 주었습니다.

피투성이가 되어 의금부를 나온 장영실은 그 뒤 어디로 갔는지 소식이 끊기고 말았습니다. 그래서 그가 어디서 어떻게 살다가 세상을 떠났는지 아무도 모르게 되었습니다.

그러나 사람은 자취 없이 사라졌지만, 그가 만든 여러 가지 발명품은 오래도록 남아 우리나라 과학의 역사를 빛내 주고 있습니다.

장영실의 삶

연대	발자취
?	조선 시대 경상도 동래현에서 관가 기생의 아들로 태어나다.
?	열 살 때 노비가 되어 관가로 들어가다.
1423년	세종 대왕 때 과학자 이천의 추천을 받아 노비의 신분을 벗고 한양으로 올라와 종5품 벼슬에 오르다. 임금의 의복과 대궐의 일용품을 만드는 상의원 별좌 자리에서 일하다.
1432년	동서남북 방위와 별자리를 관측하는 간의를 발명하다.
1433년	해와 달과 별자리의 움직임, 그리고 시간을 재는 혼천의를 발명하다. 정4품 벼슬인 호군에 오르다.
1434년	책을 찍는 활자 '갑인자'를 만들고 자동으로 시간을 알리는 물시계 자격루를 발명하다. 일반 백성들이 이용할 수 있는 해시계 앙부일구를 만들다.
1437년	품에 넣고 다니며 시간을 잴 수 있는 해시계 현주일구·천평일구, 자석을 쓰지 않고도 동서남북 방위를 잴 수 있는 정남일구, 밤낮을 가리지 않고 별자리의 움직임을 알 수 있게 한 일성정시의, 계절에 따라 시각에 차이가 나는 것을 알 수 있는 규표 등을 만들다.
1438년	자격루와 혼천의를 합쳐 자연의 변화를 알 수 있게 한 옥루를 만들다.
?	구리를 캐내기 위해 채방별감이라는 임시 직책을 띠고 경상도에 다녀오다.
1441년	세계 최초로 비의 양을 재는 측우기를 발명하고, 장마 때 불어나는 물의 깊이를 표시하는 수표를 만들다.
1442년	정3품 상호군에 오르다. 그가 만든 임금의 가마가 부서져 벼슬자리에서 쫓겨나다.
?	언제 세상을 떠났는지 알 수 없다.

※ 장영실은 언제 태어나 언제 세상을 떠났는지 정확한 기록이 없어 나이를 표시하지 않았습니다.

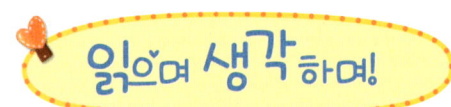

1. 어려서 장영실은 또래 친구들처럼 서당에 가 글공부를 하지 못했습니다. 왜 그랬을까요? 그 이유를 말해 보세요.

2. 장영실이 관가에 들어가 일을 하던 중 동래 지방에 큰 가뭄이 들었습니다. 이때 장영실은 어떤 기구를 만들어 가뭄을 이겨 내게 했나요?

> 어느 해 여름인가, 동래 지방에 큰 가뭄이 들었습니다.
> 논의 벼 포기가 바삭바삭 말라 가는데 한 달이 넘도록 비 한 방울 내리지 않았습니다.
> 답답해진 현감은 생각다 못해 영실을 불렀습니다.
> "너의 궁리(이치를 따져 생각하는 힘)가 깊고 재주가 많다는 말을 들었다. 무슨 방법이 없겠느냐?"

3. 장영실은 세종 대왕의 명을 받아 천문 지리에 대한 연구를 시작했습니다. 그런데 천문에 관한 책도 부족하고, 책에 기술도 자세히 나와 있지 않자 직접 중국에까지 가 천문에 대한 공부를 하고 왔습니다. 이러한 장영실의 모습을 보고 느낀 점과 나라면 어땠을지 써 보세요.

> 그때 천문에 대한 연구나 기술은 아라비아(지금의 이란, 이라크 지역) 사람들이 가장 뛰어났고, 중국에서는 그 기술을 들여다가 농사에 이용했습니다. 그러나 그 기술은 나라마다 비밀로 했기 때문에 중국 책에도 자세한 설명은 나와 있지 않았습니다.
> 장영실은 생각다 못해 임금님에게 청을 올렸습니다.
> "아무래도 중국에 가서 기술을 직접 배워 오는 것이 좋겠습니다."

· 느낀 점 :

· 나라면 :

4. 장영실이 만든 새 가마를 타고 봄 제사를 지내러 창덕궁을 나서던 세종대왕은 가마 밑바닥이 내려앉아 땅바닥에 떨어지는 사고를 당했습니다. 이로 인해 장영실은 벌을 받게 되었지요. 장영실의 입장이 되어 당시의 상황을 말해 보세요.

갑자기 회오리바람이 몰아쳤습니다. 그 바람에 가마가 흔들리면서 교군(가마를 멘 사람)들이 중심을 잃고 휘청거렸습니다.

그러다가 창덕궁 정문을 나설 무렵 뜻밖의 사고가 나고 말았습니다. 가마 밑바닥이 내려앉으면서 세종대왕이 엉덩방아를 찧고 땅바닥에 떨어진 것입니다.

1. 어머니가 관가의 기생으로 신분이 천민이었기에 글공부를 할 수 없었다.

2. 물레방아처럼 물가에 세우고 사람이 밟아 돌리면 물이 위로 퍼 올려지는 물수레.

3. 예시 : • 느낀 점 – 장영실은 어떤 일이건 자신에게 맡겨지면 열과 성을 다하여 그 일을 해내는 사람이라는 생각이 들었다. 그 당시에는 하늘의 별자리에 관한 책도 많지 않고, 기술도 자세히 나와 있는 책이 없었다고 한다. 그런데도 포기하지 않고 중국까지 가서 공부를 하고 돌아와 끊임없이 연구하여 간의, 혼천의, 앙부일구 등을 만든 것을 보면 존경스럽다.

    예시 : • 나라면 – 기술도 없고 참고할 수 있는 자료도 없는데 어떻게 연구를 할 수 있느냐며 불평불만만 늘어놓고, 포기했을 것이다.

4. 예시 : 나는 그동안 세종 대왕께서 나에게 베풀어 주신 은혜에 보답하기 위해서 정성을 다해서 새 가마를 만들었다. 그런데 이번 봄 제사에 타고 나가시기에는 조금 미흡한 부분이 있었다. 튼튼한 가마를 만들기 위해서는 아무래도 며칠 더 시간이 필요했다. 그런데 가마를 새로 만들자고 제안한 신하들 중 몇몇이 와서 보고는, 이번 행사에 세종 대왕께서 꼭 타시도록 일정을 맞추라고 으름장을 놓았다. 그래야 자신들의 공이 빛난다고 하였다. 나 역시 하루만 타시는 데 별 문제가 있을까? 그리고 하루 타시고 나면 튼튼하게 손을 보아야지 하고 대수롭지 않게 생각했다. 그런데 이런 사고가 나고 말았다. 아무리 신하들이 으름장을 놓아도 내 생각대로 완전히 가마가 만들어졌을 때 타시도록 해야 했다. 내 잘못이 크다.

역사 속에 숨은 위인을 만나 보세요!

한국사 연표

광개토 태왕	(374~412)
을지문덕	(?~?)
연개소문	(?~666)
김유신	(595~673)
대조영	(?~719)
장보고	(?~846)
왕건	(877~943)
강감찬	(948~1031)
최무선	(1328~1395)
황희	(1363~1452)
세종대왕	(1397~1450)
장영실	(?~?)
신사임당	(1504~1551)
이이	(1536~1584)
허준	(1539~1615)
유성룡	(1542~1607)
한석봉	(1543~1605)
이순신	(1545~1598)
오성 한음	(오성 1556~1618 / 한음 1561~1613)

주요 사건

- 고조선 건국 (B.C. 2333)
- 철기 문화 보급 (B.C. 300년경)
- 고조선 멸망 (B.C. 108)
- 고구려 불교 전래 (372)
- 신라 불교 공인 (527)
- 고구려 살수 대첩 (612)
- 신라 삼국 통일 (676)
- 대조영 발해 건국 (698)
- 장보고 청해진 설치 (828)
- 견훤 후백제 건국 (900)
- 궁예 후고구려 건국 (901)
- 왕건 고려 건국 (918)
- 귀주 대첩 (1019)
- 윤관 여진 정벌 (1107)
- 고려 강화로 도읍 옮김 (1232)
- 개경 환도, 삼별초 대몽 항쟁 (1270)
- 문익점 원에서 목화씨 가져옴 (1363)
- 최무선 화약 만듦 (1377)
- 조선 건국 (1392)
- 훈민정음 창제 (1443)
- 임진왜란 (1592~1598)
- 한산도 대첩 (1592)
- 허준 동의보감 완성 (1610)
- 병자호란 (1636)
- 상평통보 전국 유통 (1678)

시대 구분

- B.C. 선사 시대 및 연맹 왕국 시대
- A.D. 삼국 시대
- 698 남북국 시대
- 918 고려 시대
- 1392

연도: B.C. 2000 500 400 300 100 0 300 500 600 800 900 1000 1100 1200 1300 1400 1500 1600

세계사 연표

- B.C. 고대 사회
- A.D. 375 중세 사회
- 1400

주요 사건

- 중국 황하 문명 시작 (B.C. 2500년경)
- 인도 석가모니 탄생 (B.C. 563년경)
- 알렉산더 대왕 동방 원정 (B.C. 334)
- 크리스트교 공인 (313)
- 게르만 민족 대이동 시작 (375)
- 로마 제국 동서로 분열 (395)
- 수나라 중국 통일 (589)
- 이슬람교 창시 (610)
- 수 멸망 당나라 건국 (618)
- 러시아 건국 (862)
- 거란 건국 (918)
- 송 태종 중국 통일 (979)
- 제1차 십자군 원정 (1096)
- 테무친 몽골 통일 칭기즈 칸이 됨 (1206)
- 원 제국 성립 (1271)
- 원 멸망 명 건국 (1368)
- 잔 다르크 영국군 격파 (1429)
- 구텐베르크 금속 활자 발명 (1450)
- 코페르니쿠스 지동설 주장 (1543)
- 도요토미 히데요시 일본 통일 (1590)
- 독일 30년 전쟁 (1618)
- 영국 청교도 혁명 (1642~1649)
- 뉴턴 만유인력의 법칙 발견 (1665)

인물

- 석가모니 (B.C. 563?~B.C. 483?)
- 예수 (B.C. 4?~A.D. 30)
- 칭기즈 칸 (1162~1227)

| 정약용 (1762~1836) | | | 최제우 동학 창시 (1860) | 강화도 조약 체결 (1876) | | 주시경 (1876~1914) 김구 (1876~1949) 안창호 (1878~1938) 안중근 (1879~1910) 동학 농민 운동, 갑오 개혁 (1894) | 우장춘 (1898~1959) 방정환 (1899~1931) 을사 조약 (1905) | 유관순 (1902~1920) 헤이그 특사 파견, 고종 퇴위 (1907) | 윤봉길 (1908~1932) 한일 강제 합방 (1910) | 이중섭 (1916~1956) 3·1 운동 (1919) | 어린이날 제정 (1922) | 백남준 (1932~2006) 윤봉길· 이봉창 의거 (1932) | 8·15 광복 (1945) 대한 민국 정부 수립 (1948) | 이태석 (1962~2010) 6·25 전쟁 (1950~1953) | 10·26 사태 (1979) | 6·29 민주화 선언 (1987) 서울 올림픽 개최 (1988) | 북한 김일성 사망 (1994) | 의약 분업 실시 (2000) |
| 김정호 (?~?) 이승훈 천주교 전도 (1784) | | | 김정호 대동여 지도 제작 (1861) | 지석영 종두법 전래 (1879) | 갑신 정변 (1884) | 대한 제국 성립 (1897) | | | | | | | | | | | | |

조선 시대				1876 개화기		1897 대한 제국	1910 일제 강점기				1948 대한민국							
1700	1800	1850	1860	1870	1880	1890	1900	1910	1920	1930	1940	1950	1970	1980	1990	2000

근대 사회						1900				현대 사회					

| 미국 독립 선언 (1776) 프랑스 대혁명 (1789) | 청·영국 아편 전쟁 (1840~1842) | | 미국 남북 전쟁 (1861~1865) | 베를린 회의 (1878) | 청· 프랑스 전쟁 (1884~1885) | 청·일 전쟁 (1894~1895) 헤이그 평화 회의 (1899) | 영·일 동맹 (1902) 러·일 전쟁 (1904~1905) | 제1차 세계 대전 (1914~1918) 러시아 혁명 (1917) | 세계 경제 대공황 시작 (1929) | 제2차 세계 대전 (1939~1945) | 태평양 전쟁 (1941~1945) 국제 연합 성립 (1945) | 소련 최초 인공위성 발사 (1957) | 제4차 중동 전쟁 (1973) 소련 아프가니 스탄 침공 (1979) | 미국 우주 왕복선 콜럼비아 호 발사 (1981) | 독일 통일 (1990) 유럽 11개국 단일 통화 유로화 채택 (1998) | 미국 9·11 테러 (2001) |

| 워싱턴 (1732~1799) 페스탈 로치 (1746~1827) 모차 르트 (1756~1791) 나폴 레옹 (1769~1821) | 링컨 (1809~1865) 나이팅 게일 (1820~1910) 파브르 (1823~1915) 노벨 (1833~1896) 에디슨 (1847~1931) | 가우디 (1852~1926) | 라이트 형제 (형, 윌버 1867~1912 / 동생, 오빌 1871~1948) 마리 퀴리 (1867~1934) 간디 (1869~1948) | 아문센 (1872~1928) 슈바이처 (1875~1965) 아인슈 타인 (1879~1955) | 헬렌 켈러 (1880~1968) | | 테레사 (1910~1997) 만델라 (1918~2013) | 마틴 루서 킹 (1929~1968) | | 스티븐 호킹 (1942~2018) | 오프라 윈프리 (1954~) 스티브 잡스 (1955~2011) 빌 게이츠 (1955~) | | | | |

2023년 12월 25일 2판 7쇄 **펴냄**
2013년 10월 25일 2판 1쇄 **펴냄**
2008년 1월 15일 1판 1쇄 **펴냄**

펴낸곳 (주)효리원
펴낸이 윤종근
글쓴이 조대현 · **그린이** 장인한
사진 제공 중앙포토
등록 1990년 12월 20일 · **번호** 2-1108
우편 번호 03147
주소 서울시 종로구 삼일대로 457, 406호
전화 02)3675-5222 · **팩스** 02)765-5222

ⓒ 2008 · 2013, (주)효리원

잘못 만들어진 책은 구입하신 서점에서 바꾸어 드립니다.
ISBN 978-89-281-0299-0 64990

이메일 hyoreewon@hyoreewon.com
홈페이지 www.hyoreewon.com